AF495306

L'ADMINISTRATION

DES INDIGÈNES D'ALGÉRIE

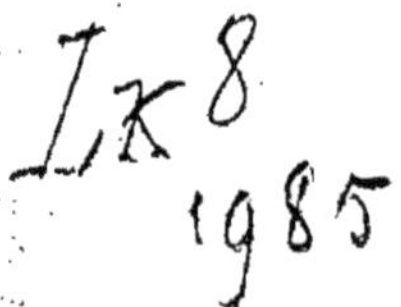

Les événements malheureux qui ont eu récemment pour théâtre le centre de Margueritte — village de la commune mixte d'Hammam-Righa — ont appelé une fois de plus l'attention sur le mode d'administration des indigènes de l'Algérie. Une interpellation a été portée devant la Chambre des députés. On voulait connaître à la fois quel était le sentiment du gouvernement sur la cause des faits qui s'étaient produits et quelles mesures il comptait prendre pour en éviter le retour, en assurant d'une façon plus complète la sécurité des colons algériens. Tant dans le Parlement que dans la presse, deux courants d'opinions se sont immédiatement dessinés, courants qui existent d'une façon permanente en Algérie, du moins à l'état latent.

Ce furent, d'une part, des appels à l'humanité en faveur des indigènes, exploités et sacrifiés de toutes les façons depuis la conquête, expropriés de leurs biens, traités en esclaves et contraints à courber la tête toujours et partout sous peine de mourir de faim. Ce furent, d'autre part, les plaintes des colons contre les brigandages d'un peuple qui ne s'est point jusqu'à ce jour laissé pénétrer par notre civilisation et vit à côté de nous, avec une apparence d'obéissance, mais en ennemi toujours prêt à la révolte, à l'insurrection.

Mais, on le sent tout de suite, entre ces deux courants extrêmes, entre ces deux opinions excessives, il y a place pour la vérité. C'est ce qu'a remarquablement démontré M. Waldeck-Rousseau, en réponse aux interpellateurs, dans la séance de la Chambre du 14 juin dernier. C'est ce qu'avant lui avait reconnu M. Étienne.

Et avant d'aller plus loin il paraît nécessaire d'insister ici sur ce qu'il y eut d'exagéré dans les commentaires qui ont été donnés des événements de Margueritte.

Certes, ces événements sont inexcusables et regrettables. Ce n'est pas sans un sentiment de profonde tristesse que l'on peut songer qu'une dizaine d'Européens ont trouvé la mort, pour s'être refusés à répéter la formule d'adhésion à l'Islam ou n'avoir pas compris ce qu'on exigeait d'eux. Mais on doit ajouter avec M. Waldeck-Rousseau : « Des événements comme ceux de Margueritte justifient cette réflexion : ce sont surtout les choses graves qu'il convient de ne pas exagérer et c'est par un abus regrettable que tout incident nouveau se produisant à Alger est immédiatement grossi [1]. » On ne saurait trop le répéter, les événements de Margueritte sont dus à un mouvement purement local, déterminé par une poussée violente et subite du fanatisme musulman, qu'il a été impossible de prévoir, mais dont on ne saurait tirer cette conséquence que la sécurité n'existe pas en Algérie et que les indigènes sont les irréconciliables ennemis des colons. S'il y a partout et s'il y aura toujours des criminels, la statistique démontre que ce n'est pas parmi les indigènes que la criminalité est la plus forte. Quant aux insurrections, si l'on ne peut être certain de les empêcher d'une façon absolue, il est permis de dire que l'organisation actuelle de l'Algérie n'en permettrait ni l'extension, ni la durée. On se propose, dans les pages qui vont suivre, de jeter un coup d'œil sur les mesures prises depuis la conquête pour parvenir à l'assimilation de l'indigène et de rechercher quelles modifications pourraient être apportées à l'administration de nos sujets musulmans.

Ce ne sera, bien entendu, qu'un examen rapide, ou plutôt que la présentation de quelques aperçus synthétiques.

I

On sait dans quelles conditions tout à fait exceptionnelles fut faite la conquête de l'Algérie. Le désir de venger une insulte faite à notre ambassadeur, en même temps que le besoin de détourner l'at-

---

1. Séance de la Chambre des députés du 14 juin 1901.

tention des affaires intérieures, amenèrent le gouvernement de la Restauration à s'installer en Afrique. Mais la terre dont nous prenions ainsi possession était occupée et défendue par une population nombreuse, guerrière, et ayant une civilisation réelle, bien que différente de la nôtre. De là, dès le premier jour, des difficultés et des tâtonnements nombreux. La France hésita pendant des années avant de se décider à l'occupation définitive de l'ancienne Régence.

Pourtant il fallut prendre un parti; l'occupation fut maintenue, mais on doit à la vérité de reconnaître qu'elle fut en quelque sorte imposée par la force des choses et que, dans tous les cas, aucune pensée de colonisation n'avait provoqué ce résultat.

Il fut néanmoins nécessaire de se préoccuper dès lors de ce qu'on allait faire de cette population d'indigènes, qui atteignait déjà à l'époque près de trois millions d'habitants. Trois solutions se présentaient : ou refouler les indigènes vers le sud et les chasser du territoire occupé par nos troupes, ou leur imposer le fusionnement avec l'élément européen et les obliger à accepter nos lois et nos mœurs, ou enfin, tout en les maintenant dans la propriété et la possession de leurs biens et en respectant leur religion et leurs coutumes, établir, à côté de la civilisation indigène, la civilisation européenne et s'efforcer de faire pénétrer peu à peu celle-là par celle-ci.

Les auteurs qui ont écrit sur l'Algérie ont généralement prétendu qu'aucune de ces solutions ne fut jamais franchement admise et que l'on a vécu jusqu'ici sous un régime hybride et provisoire, offrant les inconvénients réunis de chacun des trois systèmes sans présenter les avantages d'aucun d'eux[1]. Nous estimons, quant à nous, que la préférence qui fut accordée au troisième système, dès 1863, lui est depuis restée acquise.

C'était d'ailleurs le seul parti à prendre. En effet, d'une part, le refoulement des indigènes eût été une solution excessive, qui eût violé le droit acquis à ces populations par une prescription de plusieurs siècles et qui, au surplus, n'eût pas été accompli sans d'énormes sacrifices d'hommes et d'argent. D'autre part, la fusion complète et en quelque sorte obligatoire des deux éléments européen et indigène était une utopie, qui aurait pu, sans doute, être

---

1. *L'Algérie et la Tunisie*, par Paul Leroy-Beaulieu, 1887.

décrétée, mais dont, en fait, la réalisation ne pouvait être que l'œuvre du temps.

C'est, du reste, ce que reconnaissent les auteurs mêmes qui ont préconisé cette solution : « Quand nous parlons de fusion de l'élément indigène avec l'élément européen — écrit M. Paul Leroy-Beaulieu[1] — nous n'entendons pas dire une absorption du premier dans le second, de façon qu'il ne restât aucune différence dans les mœurs et dans les habitudes... Nous ne nous dissimulons pas que les obstacles à la fusion, même entendue dans le sens restreint où nous la concevons, sont nombreux et énormes. »

Et comment en serait-il autrement alors que nous nous trouvons en présence d'un élément indigène aussi considérable, et ayant une organisation politique et sociale aussi spéciale, aussi caractérisée et étayée sur une religion dont on ne saurait nier le levier puissant, en raison de la haute simplicité de la doctrine philosophique qui lui sert d'appui? Sans doute, l'assimilation des indigènes doit être le but définitif; l'histoire enseigne, en effet, que le peuple conquérant doit assimiler le peuple conquis, s'il ne veut pas se laisser absorber par lui. L'assimilation est donc, peut-on dire, une question de vie ou de mort pour l'Algérie française. Mais le temps seul, « tempus edax », pourra réaliser cette œuvre. Il ne nous appartient que de l'y aider.

*
* *

La Restauration, en faisant la conquête d'Alger, avait promis aux Arabes de respecter leurs propriétés et leur religion. L'administration ne pouvait donc avoir d'autre prétention que de se mettre en possession du domaine de l'État algérien. Mais la détermination de ce domaine souleva, dès l'origine, des difficultés, par suite de l'impossibilité où l'on se trouvait bien souvent de définir la nature du droit qu'avaient sur le sol des tribus qui l'occupaient. On distinguait en effet les biens beylik, les biens habous, les biens melk et les biens arch.

Les biens beylik, qui étaient la propriété du souverain musulman, devenaient sans conteste la propriété du domaine national ; de même,

---

1. *L'Algérie et la Tunisie*, par Paul Leroy-Beaulieu, 1887.

des biens frappés de habous, dont la propriété était à Dieu, et dont la jouissance appartenait aux descendants de celui qui les avait constitués « habous ».

Les terrains melk étaient affectés d'un véritable droit de propriété privative.

Mais il n'était pas possible de se rendre compte du droit que possédait sur les terrains arch la tribu qui les détenait et on n'était pas d'accord sur le point de savoir s'il ne s'agissait pas seulement d'un droit de jouissance concédé par le souverain. Or, ces biens étaient la généralité.

Quoi qu'il en soit, les biens arch furent primitivement soumis au cantonnement, opération consistant à convertir le droit incertain des tribus sur des espaces considérables, en un droit certain et absolu de propriété sur des parcelles moins étendues. De la sorte, l'Administration obtint la libre disposition de terres qu'elle put affecter à la colonisation. Mais, dès 1863, on reconnut le caractère de spoliation que présentait ce procédé et, partant de cette idée qu'il fallait « convaincre les Arabes, que nous ne sommes pas venus en Algérie pour les opprimer et pour les spolier, mais pour leur apporter les bienfaits de la civilisation » [1], un sénatus-consulte du 22 avril 1863 décida que les tribus ou fractions de tribus étaient déclarées propriétaires des terrains dont elles avaient la jouissance permanente et traditionnelle, à quelque titre que ce fût. Ce même sénatus-consulte prévoyait en outre la délimitation et le bornage du périmètre de chaque tribu, sa répartition entre les douars et enfin l'établissement de la propriété individuelle.

A la vérité, le véritable but était la constitution de la propriété individuelle, car, même dans les lieux où la propriété melk était constituée, l'indivision subsistait. La propriété indigène est en effet essentiellement familiale. Une communauté réelle existe. Il se fait des échanges de terrains entre les divers membres de la famille. Tel possède la charrue, tel autre un animal de trait ; chacun cultive dans la mesure de ses droits et récolte ce qui lui revient.

Ce que l'on visait était donc la modification de cet état de choses.

Pourtant, à ce point de vue, le sénatus-consulte de 1863 resta sans résultats.

---

1. Lettre de l'empereur au gouverneur général, 6 février 1863.

Successivement, les lois des 26 juillet 1873 et 28 avril 1887 intervinrent dans le même but. Enfin le Gouvernement, comprenant la nécessité de faciliter aux colons l'acquisition des terres indigènes, mais se préoccupant en même temps des conséquences que pourraient entraîner de trop nombreuses aliénations de cette nature, et redoutant que l'Arabe, obligé de rester fermier là où il était autrefois propriétaire, ne se transformât en vagabond ou en malfaiteur, fut amené à présenter le projet, qui devint la loi du 16 février 1897.

Mais, malgré la double préoccupation à laquelle elle avait pour objet de répondre, cette loi a été critiquée de part et d'autre ; d'un côté, les colons ont trouvé que l'interprétation qui en était faite mettait trop d'obstacles à l'acquisition des terres arch ; d'un autre côté, on a signalé les inconvénients pouvant résulter d'aliénations inconsidérées faites par les indigènes et on a demandé que l'on assurât une protection plus efficace de la propriété arabe.

La question en est là aujourd'hui. Elle ne laisse pas que d'être très délicate.

On doit néanmoins rendre cette justice à la France, qu'elle s'est toujours montrée hostile à l'expropriation des indigènes et qu'ainsi elle a consacré en Algérie, une fois de plus, les principes de générosité qui sont l'essence et font la grandeur de notre génie national.

*
* *

« D'après les principes universellement admis, écrit M. Charpentier [1], les habitants d'un pays conquis ou annexé prennent la nationalité du pays conquérant ; de plus, on observe, dans les temps modernes, que l'unité de souveraineté entraîne d'ordinaire l'unité de législation. » Sans doute telle est la règle. Mais c'eût été vouloir l'impossible que de prétendre transformer d'un seul coup les mœurs et les coutumes d'une population chez laquelle la tradition joue un rôle aussi considérable et où les questions intéressant l'organisation de la famille et le statut personnel sont intimement liées à la religion. Aussi, le sénatus-consulte de 1865, après avoir proclamé que « l'indigène musulman est français », consacra-t-il le maintien du statut personnel musulman, en imposant à l'indigène, pour être

---

1. *Précis de législation algérienne.*

admis à la qualité de « citoyen » français et à la jouissance des droits qui en découlent, de demander sa naturalisation.

La condition de l'indigène est encore aujourd'hui la suivante : il est français, mais il reste soumis à la loi musulmane en ce qui concerne son statut personnel et les successions ; il n'a pas l'exercice des droits politiques, est soumis à une certaine législation spéciale nommée indigénat — sur laquelle nous aurons à revenir — et enfin, au point de vue financier, doit acquitter des impôts spéciaux.

Il lui est loisible, à toute époque, de renoncer partiellement à l'application de ses droits et coutumes pour se soumettre à la législation française. Sa renonciation peut être soit expresse, soit implicite, lorsque, par exemple, elle résulte d'une convention régulièrement établie. Mais ces renonciations partielles ne lui permettent pas de sortir de l'indigénat, d'échapper à l'impôt arabe et d'acquérir des droits politiques. Il doit, pour atteindre ce résultat, obtenir la naturalisation ; la seule condition qui lui soit imposée à cet effet est d'ailleurs une déclaration à la mairie, qu'il peut faire dès l'âge de 21 ans accomplis et par laquelle il renonce à ses lois et à ses usages contraires à la loi française. Une enquête est faite immédiatement sur ses antécédents et sa moralité et il est statué par un décret. Une fois naturalisé, l'indigène est à tous les points de vue assimilé au citoyen français ; il se trouve, d'une façon absolue, régi par les lois civiles et politiques françaises, et cesse d'être, par suite, dans cette sorte d'infériorité qui résulte de l'indigénat. Néanmoins, malgré la facilité avec laquelle il peut obtenir la naturalisation et malgré les avantages qui en résultent pour lui, l'indigène ne la demande que très rarement. Ce n'est pas cependant qu'il soit hostile à la France ; et le nombre des indigènes qui sollicitent l'honneur de combattre sous notre drapeau, qui acceptent, sans jamais résister, de se laisser transporter sur les champs de bataille les plus éloignés, où tant d'entre eux sont déjà tombés, mêlant leur sang au sang de nos soldats, suffit à démontrer que l'indigène a pleinement accepté sa soumission à son vainqueur ; mais, ainsi que le disait M. Delangle en 1865, « il est des liens difficiles à rompre ; on ne se dégage pas sans effort des préjugés qu'on a apportés en naissant, que l'âge et l'éducation ont fortifiés... ». C'est ainsi qu'à part quelques très rares exceptions, le musulman est resté fidèle à l'organisation traditionnelle de la famille indigène.

Ainsi s'expliquent les résultats négatifs auxquels ont abouti les persévérants efforts tentés par le Gouvernement dans le but de constituer un état civil des indigènes.

Dès 1846, on avait essayé de créer des registres destinés à recevoir les actes de naissance et de décès des indigènes; de nouvelles tentatives furent faites en 1864, en 1868, en 1875. Enfin intervint la loi du 23 mars 1882. « La capitulation d'Alger, disait son rapporteur, a garanti au peuple conquis sa liberté, le libre exercice de sa religion, le respect de ses propriétés, de son commerce et de son industrie. Tenons la parole donnée, mais n'allons pas au delà. Le mariage est, dit-on, chez eux, un acte religieux, la polygamie est dans leurs mœurs, le divorce aussi, n'y touchons pas; mais n'en inférons pas que cela nous interdit de leur appliquer nos lois lorsqu'elles ne portent aucune atteinte à ces principes. Il ne s'agit pas d'empêcher les indigènes musulmans de se marier, de divorcer selon leurs coutumes, mais bien de leur imposer dans un intérêt d'ordre public l'obligation de faire devant l'officier de l'état civil la déclaration régulière du fait, lorsqu'il a été accompli. » Cette loi prescrit tout d'abord l'attribution à l'indigène d'un nom patronymique, puis lui impose les déclarations de naissance et de décès conformément aux obligations de la loi française.

Quant aux mariages, les musulmans ne sont pas astreints à les contracter devant l'officier de l'état civil; ils doivent seulement en faire la déclaration dans les trois jours de la célébration. Enfin, les divorces restent également soumis aux formes et conditions de la loi musulmane.

La loi de 1882 ne paraissait donc pas de nature à éveiller les susceptibilités des indigènes; elle produisit néanmoins parmi eux une émotion, au moins apparente, qui entraîna dans son application des lenteurs considérables. Le gouverneur général put cependant annoncer au Conseil supérieur, en 1894, qu'elle avait reçu son exécution dans la totalité du territoire civil, quant à l'attribution du nom patronymique. Mais ce n'était pas là le point le plus difficile. Ce qu'il importait surtout, c'était d'assurer la conservation du nom ainsi attribué et d'exiger rigoureusement l'emploi de ce nom dans tous les actes publics; et, à ce point de vue, comme en ce qui concerne la déclaration de naissance et de décès, on se heurte chaque jour à des difficultés nouvelles créées par le mauvais vouloir et l'indifférence de l'indigène, ce qui a permis à M. de Peyerimhoff [1] de dire que la tentative faite, par application de la loi de 1882, de conférer à l'indigène un état civil à l'européenne « a donné lieu à des scènes dignes du théâtre Cluny et dont le succès a été médiocre ».

* * *

Si maintenant on jette les yeux sur les mesures prises pour développer l'instruction chez l'indigène, on constate que le Gouvernement a tenté, à ce point de vue, tout ce qu'il pouvait, pour parvenir à refaire en quelque sorte son âme et sa mentalité.

Les enfants indigènes sont en effet reçus dans tous les établissements d'instruction : écoles maternelles, écoles primaires élémentaires et supérieures, lycées et collèges, écoles d'enseignement supérieur. Au surplus, on a organisé des établissements scolaires qui leur sont spéciaux. Ces divers établissements ont compté, pendant l'année scolaire 1899-1900, un total de 24,565 élèves musulmans, garçons et filles. Ce chiffre paraît important, ce n'est pourtant là qu'un résultat bien médiocre, car, s'il est vrai qu'il y a une quinzaine d'années 4,000 indigènes à peine étaient inscrits dans les écoles, il faut observer que, d'après les statistiques, il existait plus de 200,000 enfants musulmans d'âge scolaire.

La question s'est posée d'ailleurs de savoir si l'enseignement primaire donné aux jeunes indigènes constitue véritablement un bienfait. Ce point est en réalité fort discuté et d'aucuns prétendent que l'on n'arrive ainsi qu'à faire des déclassés qui, détournés du métier paternel, ne rêvent que fonctions publiques, emplois de gardes champêtres, de chaouchs, etc. . . « J'ai été dans les écoles actuelles, a déclaré devant une commission d'enquête M. Ben-Sliman ben Kacem ben Saïd, caïd, officier de la Légion d'honneur, — j'en ai vu depuis sortir bien des indigènes et j'ai remarqué que la plupart de ceux qui les fréquentent n'en retirent pas profit, au contraire. A peine savent-ils quelques mots de français qu'ils entrent en révolte contre leurs parents, refusant de faucher et de moissonner chez eux ; ils vont dans les grandes villes dès qu'ils sont un peu plus âgés et s'y adonnent au jeu et à la boisson. » Tel est le sentiment général

---

1. L'œuvre française d'Algérie, *Annales des sciences politiques*, mai 1901.

des populations indigènes. Telle est aussi la manière de voir de la majorité des colons algériens.

Aussi a-t-on proposé de donner à l'enseignement primaire des indigènes un caractère spécialement professionnel. Mais, là encore, on se heurte à des difficultés et plusieurs municipalités ont refusé formellement d'organiser un enseignement qui aurait pour résultat de donner des concurrents aux ouvriers français.

Il convient, en effet, de ne pas vouloir aller trop vite, car on risquerait de n'aboutir qu'à former des ouvriers qui seraient destinés à manquer de travail. Il paraît préférable, quant à présent, de développer surtout l'enseignement agricole. Ainsi, on apprendra aux indigènes à améliorer leurs procédés de culture, à cultiver des légumes et des fruits nouveaux et on amènera dans leur organisation économique un progrès qui, les obligeant à sortir de leur routine coutumière, pourra déterminer leur émancipation morale.

Mais, même ainsi compris, l'enseignement indigène n'est pas appelé à donner actuellement de féconds résultats. L'Arabe n'est pas mûr pour ce progrès.

Quant à l'instruction des filles, elle touche à une question politique et religieuse. L'opinion des Arabes à ce sujet a son expression dans cette phrase d'un caïd : « Lorsqu'elles suivent les classes de l'école primaire, elles deviennent non pas des femmes qui s'élèvent, mais des femmes qui tombent. Puis, pourquoi froisser sur ce point nos mœurs et nos croyances ? »

*
* *

Des résultats plus appréciables semblent avoir été obtenus en matière d'assistance publique et c'est une erreur de prétendre aujourd'hui que pas un de nos sujets musulmans n'ait recours à nos hôpitaux[1]. Cela fut vrai pendant longtemps, mais est devenu inexact et les statistiques nous montrent que, dans certains hôpitaux de grandes villes, la population hospitalisée est, pour près du tiers, composée d'indigènes musulmans. Quant aux hôpitaux indigènes qui ont été installés dans le centre et sont actuellement au nombre de sept, administrés par les pères Blancs, ils sont régulièrement

---

1. C. de Saint-Aignan. La situation en Algérie. *Nouvelle Revue*, 1901, n° 42.

fréquentés par les populations arabes. Et ce ne sont pas seulement les indigènes mâles, mais aussi les femmes qui vont y demander les soins que nécessite leur état. Pourtant, il y a lieu de signaler l'échec auquel a abouti une tentative récente d'organisation de sages-femmes de colonisation. M. le gouverneur général Cambon, estimant qu'il fallait inciter les femmes arabes à s'adresser à des sages-femmes françaises diplômées de préférence aux matrones indigènes, avait décidé l'installation de sages-femmes dans certains centres arabes. Mais cette organisation ne produisit aucun effet utile. La naissance de l'enfant prend, en effet, chez les indigènes, le caractère d'une fête religieuse et les Arabes ne veulent pas, dans cette occasion, laisser pénétrer les Européennes dans le gynécée. On pensa, du moins, que les sages-femmes françaises pourraient donner aux matrones quelques principes d'hygiène et quelques conseils pratiques. Mais on se heurta à un mauvais vouloir des intéressés et on dut renoncer à maintenir, à grands frais, des sages-femmes dans des milieux indigènes qui n'avaient jamais recours à leurs soins.

*
* *

Il convient de signaler enfin les encouragements donnés par le Gouvernement à la prévoyance des indigènes, en leur facilitant la création de sociétés de prévoyance.

Ces sociétés ont une origine historique : dès les premiers temps de la conquête, les commandants de nos colonnes constatèrent l'existence, à côté des silos renfermant les récoltes des particuliers, de dépôts destinés aux pauvres[1]. L'autorité militaire se montra favorable à ces réserves, puis, après la famine de 1868, le général Liebert, qui commandait la subdivision de Miliana, conçut la pensée d'organiser, sur une échelle plus vaste, de véritables sociétés indigènes de crédit et de secours, destinées à venir en aide, aux temps de disette, à avancer des semences aux cultivateurs qui en manqueraient et même à leur faire des prêts d'argent. Le succès de cette organisation amena, en 1882, la création de sociétés indigènes de prévoyance qui prirent immédiatement un essor considérable, et une

---

1. Nous empruntons ces renseignements à une très intéressante brochure publiée à l'occasion de l'Exposition universelle de 1900, par M. de Peyre, directeur au gouvernement général de l'Algérie.

loi du 14 avril 1893 leur reconnut le caractère d'établissements d'utilité publique. Ces sociétés, recrutées exclusivement parmi les indigènes, cultivateurs ou ouvriers agricoles, ont conservé le caractère spécial dérivant de leur origine. Ce sont des sociétés à la fois charitables et de crédit mutuel. On a proposé, il est vrai, de les transformer en banques agricoles, mais l'idée a prévalu que les exigences du milieu indigène devaient faire écarter toute institution dont l'organisation serait calquée sur celle des sociétés d'Europe, et qu'il était nécessaire de conserver aux sociétés indigènes leur caractère, sous peine de les voir abandonnées par la population arabe, encore réfractaire à toute innovation. Elles permettent d'ores et déjà d'attribuer des secours temporaires aux ouvriers agricoles indigènes malheureux et de faciliter, par des prêts aux indigènes agriculteurs, l'amélioration de leur outillage et l'augmentation de leurs troupeaux. Il y a tout lieu d'espérer que leur développement continu permettra dans un avenir prochain de lutter contre le fléau de l'usure.

Ces sociétés étaient, en 1899, au nombre de 128, comprenant 327,346 sociétaires et possédant un actif de 7,911,106 fr. 79 c.

M. Burdeau disait à leur sujet, dans son rapport sur l'Algérie, en 1892 : « Il n'y a rien de téméraire à espérer que les 300,000 chefs de famille indigènes vivant dans les communes mixtes seront, dans peu d'années, membres de sociétés de prévoyance. On trouvera peut-être moyen d'y englober les indigènes des communes de plein exercice. Alors, les fonds s'accroîtront, et ce serait pour les usuriers la plus redoutable des concurrences... On aurait dans ce succès un exemple excellent de ce que peut, pour le bien des indigènes, une amélioration de leurs propres institutions vivifiées et transformées sans violence dans le sens de nos idées. »

M. Burdeau avait pleinement raison.

On peut donc affirmer que le Gouvernement, restant dans la limite de son programme, a fait ce qui dépendait de lui pour amener l'indigène musulman à la civilisation française.

Néanmoins, et malgré tous les efforts tentés, après plus d'un demi-siècle de domination effective, nous n'avons pas pu ébranler l'organisation sociale de l'indigène musulman. Même dans l'intérieur des villes où il se trouve associé à notre vie, il n'y a qu'un contact apparent entre l'indigène et l'Européen. C'est que, quel que soit le lieu de son habitat, quel que soit le métier dont il vit, il reste partout et quand même le membre d'une sorte de cité idéale existant pour lui, en dehors et en dessus de toutes les agglomérations et de toutes les organisations humaines, cité ayant pour chef le représentant d'Allah et pour lois la loi religieuse. Car, ce qui constitue la force de ses coutumes, c'est non seulement qu'elles sont pour lui traditionnelles, mais que la source de leur tradition se trouve au livre du Prophète.

L'indigène musulman est donc inassimilable, si, par assimilation, on entend la substitution actuelle de notre état social à son organisation familiale. Mais, somme toute, que nous importe ? Que nous importe qu'il soit ou non polygame, et que la femme musulmane soit reléguée au second plan ? Oh ! sans doute, au point de vue philosophique, il y aurait beaucoup à dire à ce sujet et, certes, on ne saurait trop approuver les moralistes qui considèrent l'amélioration de la condition de la femme musulmane comme une œuvre de haute humanité vers laquelle doivent tendre les efforts de la civilisation. Mais ici nous faisons volontairement abstraction de ce point de vue pour n'envisager que le côté économique et politique de la question. Or, on ne saurait vraiment attribuer à la polygamie une influence véritable sur l'organisation économique. Il y a plus à dire : elle en est plutôt la résultante. « L'Arabe prend plusieurs femmes parce qu'il y trouve un avantage matériel, un confort qu'elles seules peuvent donner au sein de la société mal faite où il vit... La femme arabe assure à l'homme les trois choses essentielles de la vie matérielle : aliment, vêtement, abri ; l'Arabe se marie d'abord pour s'assurer la nourriture ; ce premier besoin satisfait, il songe aux autres, et prend alors successivement autant de femmes qu'il lui en faut pour se permettre un grand train de maison et le confort intérieur auquel il peut prétendre[1]. » Il est donc permis de conclure que la polygamie disparaîtra au fur et à mesure que changeront les conditions économiques. « Quand aura été transformé le milieu où vit l'Arabe, au point d'annuler la femme comme unique artisan de sa vie matérielle, vous aurez transfiguré celle-ci et lui aurez assuré la place qu'elle doit occuper à côté de l'homme[2]. » C'est aussi

---

1 et 2. *De l'Émancipation de la femme arabe*, par le commandant Charles Richard, ancien chef des affaires arabes à Orléansville.

par la modification des conditions économiques du milieu où vit l'indigène, que nous parviendrons à faire une brèche dans ses coutumes séculaires en l'amenant à reconnaître la supériorité de notre civilisation et les avantages qu'elle présente, non seulement pour la collectivité, mais aussi pour l'individu.

Ayons donc confiance dans l'avenir, mais pour le préparer et, en attendant que notre espoir se réalise, il importe de montrer à l'indigène, par une administration juste, sage et en même temps énergique, que nous sommes les « Maîtres de l'heure », que l'insurrection contre la domination française est vaine, et que, si notre générosité et nos sentiments d'équité sont pour eux une garantie du respect de leurs propriétés et de leur foi, nous sommes cependant les vainqueurs auxquels ils doivent obéissance.

« Laissez-nous la liberté du père de famille jointe à la liberté de conscience, ne blessez pas en même temps nos cœurs et notre foi, protégez-nous contre la misère puisque Dieu nous a soumis à vous. Nous pouvons vous être fidèles, nous voulons l'être en restant dans la foi de Dieu et de Mahomet son prophète. » Ainsi répondait M. Ben Maïra Tahar ben Hadj Ali, adjoint indigène à Bône, lors de l'enquête faite par le Parlement au sujet de l'enseignement indigène, et tels sont, en effet, les deux termes qui semblent résumer tout notre programme, *protection* et *obéissance* des indigènes.

II

Comment donc réaliser ce programme ?

Sans faire l'historique de l'organisation administrative algérienne, on rappellera qu'un arrêté du 20 mai 1868 érigea en communes de plein exercice tout le territoire civil. Le territoire militaire se composait de communes *mixtes,* dont les territoires ou la population européenne avait déjà acquis une certaine importance, et des communes *subdivisionnaires* comprenant la réunion d'un certain nombre de *tribus* ou *douars.* Lorsqu'en 1871 le territoire civil fut étendu, on y créa des communes *mixtes* et des communes *indigènes.* En fusionnant ces deux dernières catégories, le général Chanzy donna à la commune mixte la forme qu'elle a conservée depuis. Actuellement on distingue : en territoire civil, des communes de plein exercice et des communes mixtes ; en territoire militaire, quelques communes mixtes organisées en vertu de l'arrêté de 1868 et des communes indigènes.

Les communes de plein exercice sont celles dans lesquelles l'élément européen a pris une importance relativement considérable. Elles se composent généralement d'un centre européen, auquel ont été annexés un certain nombre de douars. Elles sont administrées, comme les communes de la métropole, par un conseil municipal élu, mais ce conseil comprend, outre les membres élus par les citoyens français, un certain nombre de conseillers au titre indigène. A côté de l'élément élu se trouvent des adjoints indigènes à la nomination du préfet, chargés notamment de fournir des renseignements de police sur la tranquillité du pays.

Les communes mixtes, dans lesquelles l'élément européen est encore très faible, se composent d'un ou plusieurs centres de colonisation et de douars ou tribus. Leur étendue considérable varie le plus souvent entre 150,000 et 200,000 hectares. Elles sont administrées par une commission municipale ayant à sa tête un administrateur nommé par le gouverneur général et composée : 1° de quelques membres français, 2° de membres indigènes, en aussi grand nombre qu'il y a de tribus ou douars, nommés par le préfet, et qui exercent les fonctions d'adjoints indigènes.

Cette organisation, établie sur des bases logiques, n'est pas cependant exempte de défauts. C'est qu'en effet les communes de plein exercice, qui, dans l'origine, ne devaient pas s'étendre au delà du territoire de colonisation, ont perdu leur caractère du fait de l'annexion qui leur a été consentie d'un certain nombre de douars ou tribus. Elles comprennent, en dehors de leur population européenne, une population indigène de 801,229 habitants. En faisant abstraction des indigènes vivant dans les villes et dans les centres européens, on peut évaluer à 750,000 les indigènes des douars ou tribus qui leur sont rattachés, et il est malheureusement incontestable que les maires de ces communes, qui en ont la police, se soucient fort peu de les administrer.

Pour remédier à cet inconvénient, on décida en 1895 de placer, à côté du sous-préfet, un fonctionnaire pris dans le cadre des administrateurs et appelé à surveiller les tribus ou douars dépendant des communes de plein exercice. Cette tentative était inspirée par une pensée juste, mais elle ne pouvait guère donner de résultats appréciables en raison de l'étendue trop considérable de l'arrondissement sur lequel ce fonctionnaire était appelé à exercer sa surveillance. Nous trouverons un autre motif de l'insuffisance de cette mesure lorsque nous parlerons de l'*indigénat*.

Plus récemment, M. Laferrière, guidé par la même pensée, prit un arrêté détachant auprès de chaque préfet un administrateur qui, sous le titre d'administrateur-inspecteur, était chargé des affaires intéressant l'administration des indigènes musulmans habitant les communes de plein exercice de l'arrondissement chef-lieu. Enfin, M. Jonnart a institué auprès de chaque préfet un secrétaire général des affaires indigènes et modifié les attributions des sous-préfets, faisant de ces derniers « des inspecteurs permanents qui doivent, chaque semaine, incessamment, visiter non pas seulement les communes de plein exercice ou les communes mixtes, mais les douars[1] ».

Il a, selon son expression, « mis ses sous-préfets à cheval[2] ».

Nous ne saurions trop le répéter : nous ne pouvons que partager l'idée génératrice de cette double mesure. Mais nous craignons que, comme la mesure prise par M. Cambon en 1895, elle soit inefficace, et pour les mêmes raisons.

A la vérité, le secrétaire général pour les affaires indigènes pourra s'en occuper plus spécialement, mais on sent tout de suite qu'il sera surtout un fonctionnaire appelé à donner quelques signatures pour le préfet ou à le suppléer en son absence. Or, tel que son rôle a été compris, pensons-nous, par M. le gouverneur général Jonnart, il devrait avant tout être un inspecteur, constamment en tournée. Mais l'étendue même de nos trois départements algériens et les difficultés de communication, dès que l'on s'éloigne du chemin de fer ou des grandes routes, rendraient, à ce point de vue, l'exercice de sa fonction sinon impossible, du moins à peu près vain. Les sous-préfets eux-mêmes, dont le territoire de surveillance est bien plus restreint, ne sauraient faire dans les douars et les tribus des visites assez fréquentes pour qu'elles portent leurs fruits. L'erreur semble avoir été de vouloir multiplier les visites et inspections de ces fonctionnaires importants. Sans doute, il faut qu'ils se mettent en

---

1 et 2. M. Waldeck-Rousseau, à la Chambre des députés, séance du 14 juin 1901.

contact le plus souvent possible avec les populations indigènes qu'ils administrent ; mais leur présence dans les douars ne doit être, en quelque sorte, que l'épée de Damoclès sur la tête des caïds.

Il en est de même, au surplus, des administrateurs détachés auprès des préfets ou des sous-préfets, et qui sont appelés à exercer leur surveillance sur l'ensemble des communes de plein exercice d'un arrondissement. Pour que l'administrateur puisse être à même de rendre les services qui lui sont demandés et, par suite, d'être en contact permanent avec les populations musulmanes de sa circonscription, il est indispensable que cette circonscription soit aussi restreinte que possible. L'étendue de la commune mixte est déjà fort considérable, mais exiger d'un administrateur qu'il surveille les territoires indigènes de toutes les communes de plein exercice d'un arrondissement, c'est lui demander à peu près l'impossible.

Le seul remède à cette situation paraît être dans l'assimilation des territoires indigènes dépendant des communes de plein exercice aux territoires des communes mixtes. Mais, avant de rechercher par quelles mesures on pourrait atteindre ce résultat, il convient de dire un mot de l'*indigénat*.

Partant de ce principe que l'indigène musulman non naturalisé doit être placé sous un régime spécial de répression, en tant qu'indigène, et quel que soit le territoire qu'il habite, l'amiral de Gueydon avait institué des commissions cantonales disciplinaires, dont la compétence était la même en territoire civil qu'en territoire militaire. Le général Chanzy réduisit leur action à l'étendue du territoire militaire. Mais la nécessité de replacer les indigènes sous un régime particulier ne tarda pas à se manifester de nouveau, et c'est alors que furent créées les infractions spéciales dites de l'*indigénat*, dont la répression fut confiée aux juges de paix.

Depuis, une loi de 1881 attribua aux administrateurs le droit de les réprimer sur le territoire des communes soumises à leur surveillance.

Ce droit, qui ne leur fut accordé que pour sept années, leur a été maintenu par diverses lois successives et, en dernier lieu, par une loi du 21 décembre 1897, à laquelle est annexée une nomenclature des infractions pouvant donner lieu à l'exercice de leur pouvoir disciplinaire.

Certains théoriciens ont cru voir dans cette réunion, dans la même main, des prérogatives de l'administration et de la justice une atteinte regrettable portée au principe de la séparation des pouvoirs. A la vérité, il convient de reconnaître que ce principe, qui est une conception de notre droit moderne, n'a jamais été compris de l'indigène. « Si l'on veut que notre administration civile obtienne le respect qui lui est dû, et fasse accepter sa direction, il est essentiel qu'elle ne soit pas dépossédée de toute attribution coercitive [1]. » Et ainsi que le rappelait M. Trarieux, au Sénat, en 1890 : « Pour être obéi chez nous, l'invocation de la loi peut suffire ; dans le monde arabe, il faut y ajouter le prestige du commandement et, au besoin, l'usage de la contrainte. »

Seuls, les indigènes non naturalisés sont soumis aux infractions de l'indigénat. On aperçoit ainsi tout de suite l'intérêt que les indigènes auraient à demander leur naturalisation pour échapper à ce régime spécial qui crée pour les non-naturalisés une sorte de situation inférieure. Nous avons vu cependant que les demandes de naturalisation sont des plus rares parmi eux.

Mais ce qui doit surtout être signalé ici, c'est la différence de situation existant, à ce point de vue spécial, entre l'indigène des communes mixtes et celui des communes de plein exercice.

En effet, les pouvoirs disciplinaires accordés aux administrateurs ne s'appliquent qu'aux indigènes des territoires de communes mixtes. Dans les communes de plein exercice, les indigènes non naturalisés sont, il est vrai, également passibles de contraventions pour infraction aux règles spéciales à l'indigénat. On ne comprendrait pas d'ailleurs qu'il en fût autrement. Mais le juge de paix y a conservé la compétence qui, dans le principe, lui était exclusive. Et il est facile de se rendre compte que, dans ces conditions différentes, la répression ne peut pas produire le même effet utile. C'est qu'en effet la réunion, dans les mains de l'administrateur, du pouvoir de surveillance et du droit de répression lui permet d'agir sans délai, tandis qu'on devine les lenteurs qu'entraîne nécessairement l'obligation de saisir de la contravention le juge de paix, qui ne réside le plus généralement pas dans la commune ; et l'indigène — pour qui toutes les nuances de notre organisation administrative et judiciaire sont

---

1. Rapport de M. Flandin à la Chambre des députés sur la loi du 21 décembre 1897.

une énigme — ne s'explique pas qu'au lieu de punir immédiatement, on le traîne à des distances parfois considérables pour le faire comparaître devant un jeune *roumi*, dont l'autorité lui échappe, d'autant plus qu'il n'a ni cheval, ni galons.

Le Gouvernement, qui n'avait pas été sans s'apercevoir de ces inconvénients, avait proposé, dans le projet devenu la loi du 21 décembre 1897, de décider que « les pouvoirs disciplinaires seraient exercés à l'égard des indigènes musulmans non naturalisés habitant les communes de plein exercice, par les administrateurs et administrateurs adjoints détachés dans les préfectures et les sous-préfectures, pour y être spécialement chargés de l'administration et de la surveillance de la population indigène ». Cette proposition n'aurait pas absolument remédié aux lenteurs qu'entraîne l'état de choses actuel. Du moins, elle aurait eu l'avantage d'unifier le juge.

Mais elle fut écartée comme étant de nature à créer des conflits entre les maires, les juges de paix et les administrateurs.

La modification apportée récemment dans l'administration des indigènes n'a pas touché à cette question. Nous estimons, en ce qui nous concerne, qu'elle est pourtant essentielle.

M. Jonnart, dans un rapport à M. le président du Conseil, disait : « Dans beaucoup de communes de plein exercice les indigènes ne sont ni administrés ni surveillés... Dès mon arrivée à Alger, je me suis préoccupé des réformes profondes qu'il faudra réaliser au plus tôt, sans porter atteinte aux franchises dont les colons sont à juste titre jaloux, ni à l'équilibre des budgets communaux. Aux maires, qui n'ont ni le temps, ni les capacités pour administrer les indigènes, je propose de substituer des administrateurs connaissant leur langue et leurs mœurs et relevant du gouverneur, véritable tuteur de nos sujets musulmans. »

Très bien ! mais ce n'est point auprès des préfets ni dans les chefs-lieux d'arrondissement que l'on doit viser soit à créer un rouage nouveau, soit à modifier l'organisation existante.

L'administrateur constitue l'organe essentiel de l'administration des indigènes de l'Algérie. Le sous-préfet, étant donnée l'étendue des circonscriptions d'arrondissement, a besoin d'avoir, pour le seconder, non pas seulement auprès de lui, mais sur différents points de son territoire, des administrateurs intelligents et dévoués, ayant la pleine connaissance non seulement de la langue, mais des choses arabes. C'est à l'administrateur qu'il incombe de surveiller et de punir ; c'est lui qui est vraiment le « chef » auquel doit obéir l'indigène. Aussi, verrions-nous volontiers étendre ses pouvoirs par l'octroi de certaines attributions réservées au sous-préfet. Ce serait là, selon nous, la véritable décentralisation, la décentralisation vraiment utile et susceptible de produire d'importants résultats. Cette augmentation de pouvoirs devrait d'ailleurs entraîner une élévation dans la hiérarchie administrative de ce fonctionnaire, dont l'existence est souvent rude, s'il veut accomplir, avec le sentiment de sa responsabilité, la totalité de son devoir.

Il y a plus :

Les pages qui précèdent font ressortir la double nécessité de soumettre les indigènes à une même police, qu'ils appartiennent à des communes mixtes ou à des communes de plein exercice et à concentrer entre les mains de l'administrateur les pouvoirs qu'il partage actuellement avec les juges de paix.

En effet, d'une part, on ne peut pas songer à substituer un administrateur au maire dans toutes les communes de plein exercice. Outre que l'on froisserait inutilement les colons en leur enlevant la nomination du maire, on ne saurait créer dans chacune des communes de plein exercice une organisation analogue à celle des communes mixtes, sans grever considérablement leurs budgets déjà très pauvres. D'autre part, il faut tenir compte de ce que, dans l'état actuel, ces budgets s'alimentent en grande partie des revenus des territoires indigènes. Dès lors, distraire des territoires des communes de plein exercice les douars et les tribus qui leur sont annexés serait jeter un trouble complet dans l'organisation financière de ces communes.

Une solution paraît cependant possible.

Elle consisterait à grouper un certain nombre de communes de plein exercice en circonscriptions cantonales ayant à leur tête un administrateur, qui exercerait dans l'étendue du canton les pouvoirs de police et les pouvoirs disciplinaires qu'exercent les administrateurs dans les communes mixtes. On pourrait ainsi continuer à convertir en communes de plein exercice les centres européens ayant acquis une certaine importance, sans que l'administration des territoires indigènes ou dépendants en soit, en fait, modifiée. Les maires de ces communes conserveraient la police des centres à l'exclusion de ce qui concerne les indigènes. Il serait fait face aux dépenses résultant de la nouvelle organisation à l'aide d'un fonds commun formé par un prélèvement sur les recettes des communes de plein exercice du canton, dont les budgets se trouveraient par suite dégrevés de toutes les dépenses de police qui passeraient à la charge de ce fonds commun. On peut prévoir qu'il n'en résulterait pour ces communes aucun supplément de dépenses. D'ailleurs, une économie importante peut être réalisée par la suppression des traitements alloués jusqu'ici aux magistrats municipaux de l'Algérie.

Cette solution permettrait de maintenir l'organisation financière communale actuelle, tout en assurant une administration spéciale et uniforme des indigènes. Au surplus, en donnant à l'administrateur cantonal les pouvoirs disciplinaires exercés actuellement par les juges de paix à l'égard de l'indigène des communes de plein exercice, elle autoriserait la suppression d'un grand nombre de justices de paix.

Enfin, elle contribuerait à donner à l'administrateur l'importance que lui assigne le rôle qui lui est dévolu.

Ce n'est pas tout. Si l'on veut que l'administrateur puisse effectivement rendre les services qu'on lui demande, il faut lui en donner les moyens. Deux choses importent également dans l'administration des indigènes : que l'autorité puisse être chaque jour mise au courant de ce qui se passe dans les douars ou les tribus, de manière à pouvoir étouffer à son principe tout mouvement maraboutique ou autre qui viendrait à se produire ; et, en second lieu, que les plaintes et doléances des indigènes arrivent facilement à l'autorité, pour que celle-ci puisse, dans tous les cas, leur donner la suite que comportent la justice et l'équité que nous devons, essentiellement, à nos sujets musulmans.

A cette double nécessité correspondent deux ordres de mesures différents.

M. Waldeck-Rousseau, répondant à l'interpellation sur les événements de Margueritte, disait, dans la séance de la Chambre du 14 juin, citant le rapport de M. Luciani : « L'autorité locale qui a été mise en échec est d'ailleurs presque entièrement condamnée à l'impuissance dans l'état actuel de l'organisation de la commune mixte. L'administrateur et ses deux adjoints n'ont à leur disposition, en fait de personnel de police, que trois cavaliers ; il n'y a pas de gardes champêtres dans les douars ; les caïds ou adjoints indigènes correspondent difficilement avec le chef-lieu de la commune et sont eux-mêmes dépourvus de tout moyen d'action... » A ce point de vue, il serait peut-être possible de remédier à l'état de choses actuel en augmentant le nombre des cavaliers (kielas ou deïras) chargés aujourd'hui d'assurer la correspondance administrative entre l'administrateur et certains fonctionnaires et agents de la circonscription. Ces cavaliers, nommés par l'administrateur, ne sont pas obligatoires et n'existent que dans quelques communes. Il paraîtrait nécessaire d'obliger les communes à en posséder un certain nombre minimum, et de les contraindre à faire des tournées constantes dans les douars et les tribus. Agents salariés par l'administration et assermentés, choisis en dehors des tribus qu'ils auraient la mission de surveiller, ces cavaliers pourraient être pour les administrateurs une source précieuse d'indications.

Il paraît, au surplus, nécessaire, et cela serait la conséquence toute naturelle de l'organisation que nous proposons, de réorganiser des djemaas dans les communes de plein exercice ayant des douars ou tribus comme annexes, ainsi que cela a été fait en 1895 dans les communes mixtes. Ces *djemaas* sont des assemblées de notables ayant à leur tête l'adjoint indigène ou caïd. Elles se composent d'un certain nombre de membres, fixé d'après le nombre des sections de la commune. Elles sont appelées à délibérer sur les diverses questions intéressant le douar, et notamment sur tout ce qui concerne les immeubles lui appartenant.

De plus, chacun de ses membres (*kebir* en pays arabe, *amin* en pays kabyle) est tenu de signaler à l'adjoint indigène tous les faits qui intéressent la santé et la sécurité publiques, le recouvrement des impôts, le défrichement des forêts, etc. Les kebar et oumena sont nommés par le préfet et choisis parmi les notables investis de la considération et de l'estime des indigènes. Ils pourraient être appelés à servir d'intermédiaires entre l'adjoint indigène et l'administrateur.

Ainsi, l'augmentation, d'une part, des deïras, d'autre part, le fonctionnement permanent des djemaas, et l'attribution à chacun de leurs membres pris individuellement de fonctions de surveillance et de police, permettraient aux administrateurs de se tenir exactement renseignés sur ce qui se passe dans les douars et de donner dans une large mesure satisfaction aux justes réclamations des indigènes.

De la sorte, en même temps que les intérêts des populations musulmanes se trouveraient sauvegardés, les soulèvements les plus insignifiants pourraient être prévus et empêchés.

*
* *

Si nous nous sommes appesantis sur cette réorganisation de la commune, c'est qu'elle doit être, selon nous, le point de départ de toute réorganisation de l'administration des indigènes. Toutes les autres questions qui peuvent être soulevées ne sont en quelque sorte qu'accessoires. En présence d'une population de plus de 4 millions d'âmes, que nous ne pouvons pas espérer amener à notre civilisation avant des temps fort éloignés, nous devons avant tout, nous préoccuper, tout en lui assurant la justice à laquelle elle a droit, et en lui donnant « la sensation que notre administration s'occupe d'elle, non pas pour atteindre ce qu'il y a en elle d'inviolable et peut-être même d'incompressible, mais pour l'amener à un état meilleur[1] », nous devons, dis-je, nous préoccuper d'assigner une limite à son développement, tout au moins dans les territoires voisins de nos centres de colonisation. Il ne s'agit pas de les refouler par la force, mais il est bien évident qu'au fur et à mesure que la population européenne se fera plus dense, les indigènes se verront dans la nécessité ou de se mélanger à elle et, peu à peu, d'en accepter les mœurs, ou de se réfugier dans les montagnes, ou de descendre vers le sud. Les indigènes sont dix fois plus nombreux que nous et leur nombre s'accroît sans cesse. La France n'a pas le droit de rester indifférente devant cette réalité. Que réserve l'avenir ? Cela est difficile à dire. Ce qui apparaît, en tous cas, c'est que notre sauvegarde la meilleure réside dans les sentiments de sympathie que nous aurons développés parmi nos sujets musulmans.

Et c'est pourquoi, lorsque notre administration aura reçu une organisation qui lui permettra de surveiller efficacement les indigènes et d'assurer la sécurité de nos colons, elle devra s'efforcer de rendre aussi douce que possible à l'indigène la domination française.

Pour ne pas être l'ennemi dont il est dit au Coran : « Tuez vos en-

---

1. M. Waldeck-Rousseau, séance de la Chambre des députés du 14 juin 1901.

nemis partout où vous les trouverez; chassez-les des lieux d'où ils
vous auront chassés », nous devons prouver à l'indigène, par une
justice totale, que notre mission civilisatrice remonte à Dieu; que
nous ne sommes pas venus chez lui pour le traiter en esclave, mais
que, conquérants bienfaisants, nous avons été conduits sur le sol de
ses ancêtres par la volonté d'Allah pour lui montrer une voie meilleure. Et ainsi, se sentant respecté dans ses coutumes et sa foi
traditionnelles, le musulman, orgueilleux et fataliste, courbera si-
lencieusement le front, lourd de cette unique pensée : « Mekloub »
(c'était écrit).

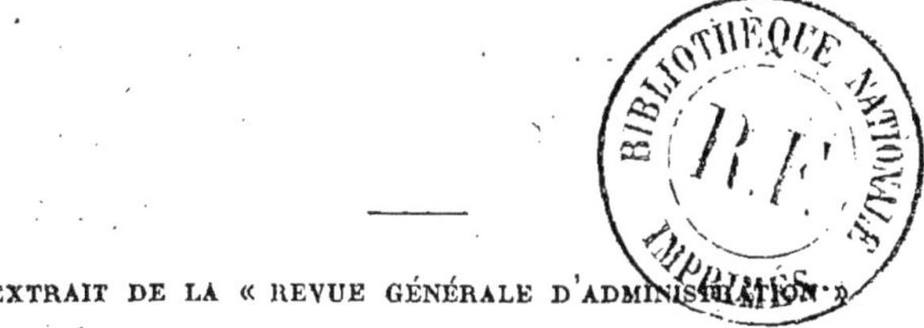

EXTRAIT DE LA « REVUE GÉNÉRALE D'ADMINISTRATION »